W0347044

que se passe-t-il la nuit ?

Conception et rédaction :
Delphine Gravier-Badreddine

Sur une idée originale de :
Claude Delafosse

Illustrations :
Ute Fuhr et Raoul Sautai
Henri Galeron
Donald Grant
Héliadore
Gilbert Houbre
Pierre de Hugo
Sabine Krawczyk
Sylvaine Peyrols
Pierre-Marie Valat

Graphisme :
Sandrine Pageot

mes premières découvertes
GALLIMARD JEUNESSE

que se passe-t-il la nuit ?

sommaire

le ciel dans la nuit

Lorsque le soleil se couche, le ciel devient très sombre.
S'il n'y a pas de nuages, tu peux observer
beaucoup de choses…

les étoiles

Tu peux observer les étoiles à l'œil nu
lorsqu'il fait nuit.

Tu reconnaîtras peut-être
ces deux constellations :
la grande ourse et la petite ourse.
Avec des jumelles, tu verras des étoiles
encore plus nombreuses !

1 Baleine
2 Cygne
3 Chien
4 Scorpion
5 Grande Ourse
6 Sagittaire
7 Lion

Glisse ta lampe
magique sous la feuille
de plastique
pour observer
les constellations.

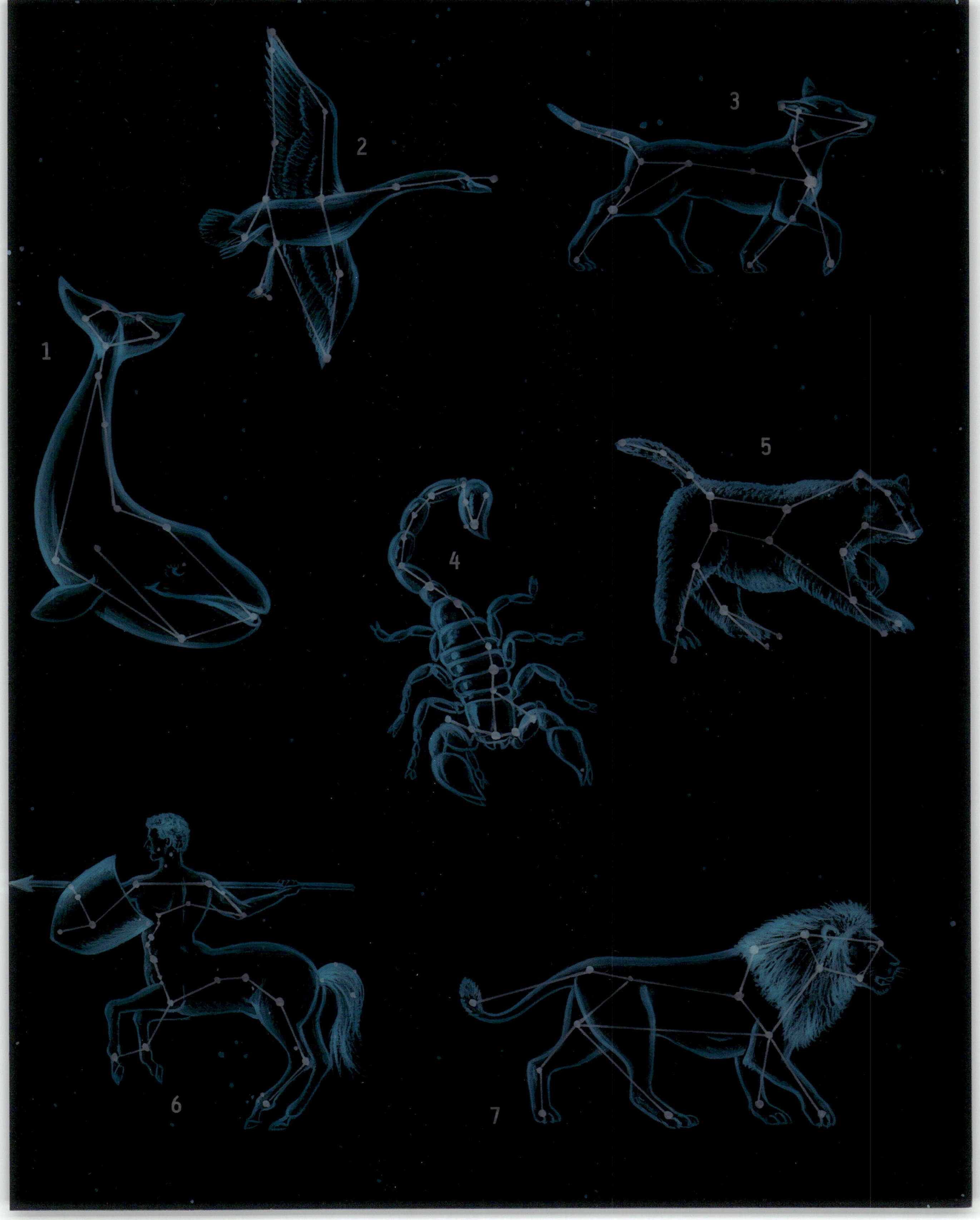
1
2
3
4
5
6
7

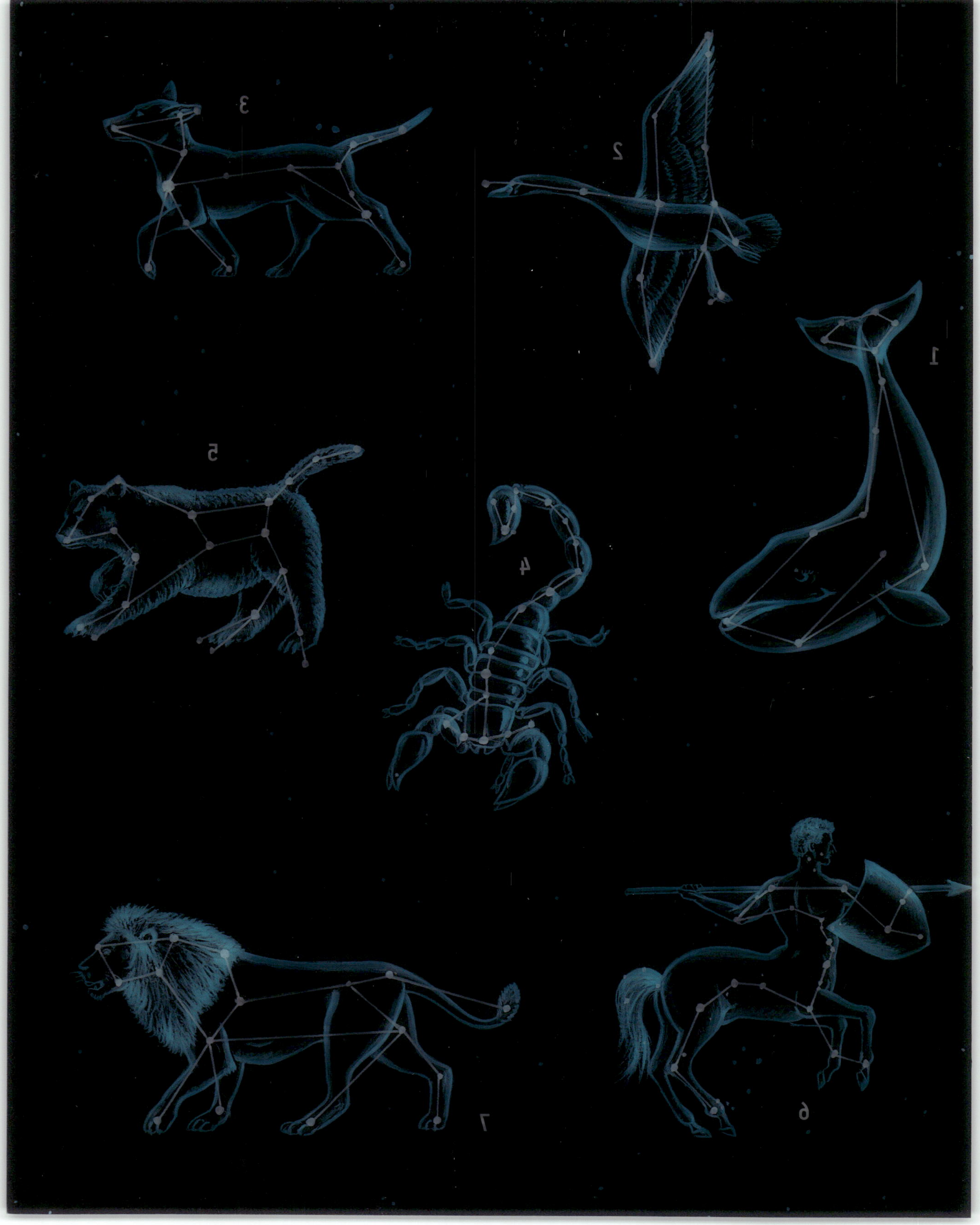

3
2
1
5
4
6
7

la lune

La lune est toute ronde.
Parfois, tu n'en vois qu'une partie,
elle a alors la forme d'un croissant.

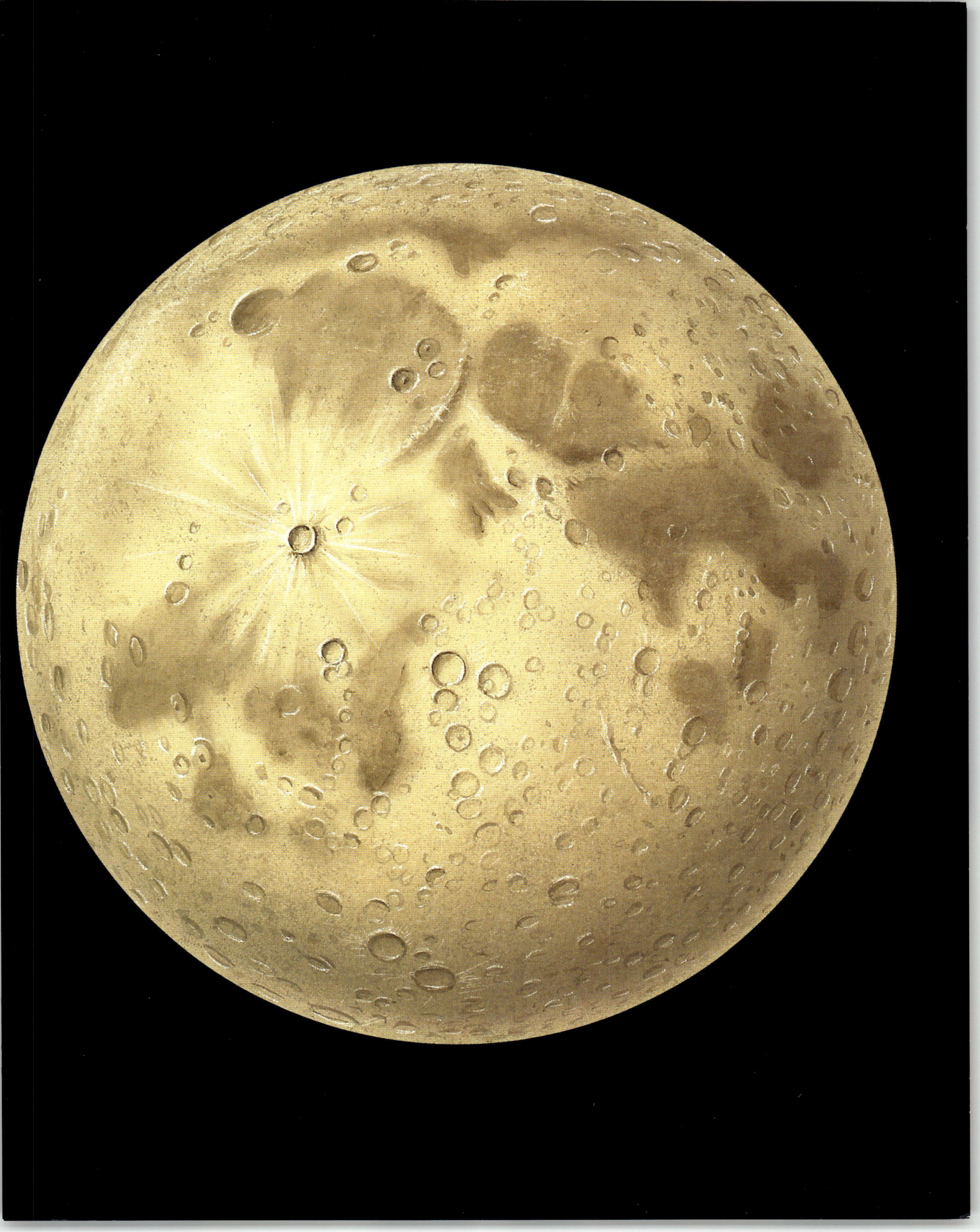

les planètes

Les planètes brillent car le soleil les éclaire.
On peut les observer avec un télescope.

**1 Neptune 2 Uranus 3 Saturne 4 Jupiter 5 Mars
6 Terre 7 Lune, satellite de la Terre 8 Vénus 9 Mercure**

1
2
3
4
5
6
7
8
9

les éclairs

Quand un orage éclate, les énormes nuages provoquent des éclairs qui illuminent le ciel. Il faut s'abriter et fermer les fenêtres !

Le tonnerre est le bruit que font les éclairs.

les aurores boréales

Près du pôle Nord et du pôle Sud,
des rayons de lumière colorée illuminent le ciel.
Pour les habitants, c'est un magnifique spectacle !

Même quand il fait jour,
le ciel n'est jamais pareil.
Tu peux observer des tas de choses !

les animaux dans la nuit

Lorsque tu t'endors, certains animaux s'éveillent : leur journée commence…

la chouette

Pendant la nuit, la chouette
chasse de petits animaux
comme les souris.

Si tu vois une chouette
dans la journée, elle sera sûrement
immobile en train de dormir !

le chat

Les chats peuvent voir dans le noir.
C'est pour cette raison qu'ils
se promènent sur les toits
quand il fait nuit.

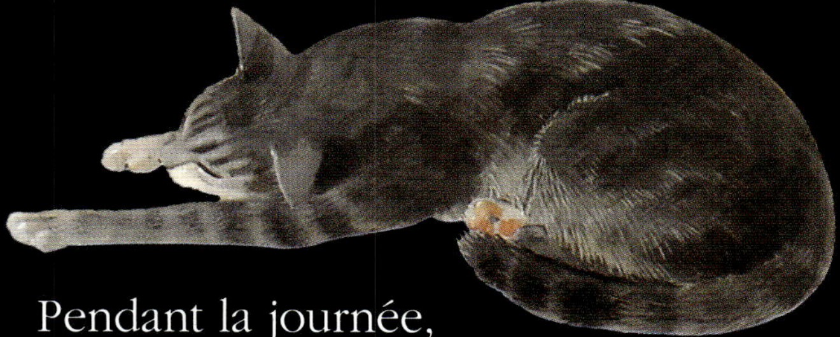

Pendant la journée,
ils se reposent.

Glisse ta lampe
magique sous
la feuille de plastique
et compte les chats
de la grande image.

le papillon de nuit

Les papillons de nuit
viennent voler près
des lampes car ils sont attirés
par la lumière.

Les papillons de nuit
sont bruns ou gris.

Les papillons que tu vois
le jour, eux, sont colorés.

la chauve-souris

Chaque nuit,
la chauve-souris
quitte son abri
pour aller chasser.

Le jour venu,
elle s'accroche au plafond
et dort la tête en bas,
repliée comme un parapluie.

la souris

La nuit,
quand la maison
est silencieuse,
la souris sort
de son petit trou.

Elle part à la recherche
de nourriture.

Puis elle retourne
dans sa cachette
pour élever ses petits.

le hérisson

Le hérisson attend
que tout soit
calme pour sortir
de son abri.

Il part chercher
de petits animaux
pour se nourrir.

Le jour venu,
le hérisson
se met en boule
et s'endort.

Ces animaux vivent surtout la nuit,
dans la forêt.

la genette

le raton laveur

le muscardin

la laie,
femelle du sanglier

le marcassin

le loir

le crapaud

les animaux du fond des mers

Au fond des mers, il n'y a jamais de lumière, il fait toujours nuit! Les animaux ont des formes très étranges…

le poisson-hache

le grandgousier

le chauliodus

le calmar

la baudroie

le poisson-lanterne

Glisse ta lampe magique sous la feuille de plastique pour observer les animaux des profondeurs.

Quand le soleil se lève,
d'autres animaux se réveillent,
une nouvelle journée
commence.

le zoo dans la nuit

Dans ce zoo imaginaire, les animaux profitent de la nuit pour se montrer. Les reconnaîtras-tu ?

les crocodiles

Ici, il fait chaud et humide.
Les tortues, les hippopotames et les crocodiles aiment se prélasser dans l'eau tiède.

Le crocodile et la tortue sont des reptiles, l'hippopotame est un mammifère.

1 Tortues géantes
2 Crocodiles
3 Hippopotames

1
2
3
2
2

les fauves

Les fauves sont très dangereux.
Ils sont enfermés dans un enclos infranchissable.

Le pelage de la panthère est tacheté.
Le tigre se reconnaît à ses rayures.

1 Tigres
2 Panthère noire
3 Puma
4 Léopards
5 Lion
6 Lionceaux
7 Lionne
8 Guépard

1
8
2
3
7
4
7
5
6

les animaux de la savane

Dans leur milieu naturel, ces animaux sont capables de courir très vite.

1 Girafes
2 Éléphant d'Afrique
3 Kangourous
4 Okapi
5 Zèbre
6 Rhinocéros
7 Autruches
8 Bison
9 Dromadaire

Glisse ta lampe magique sous la feuille de plastique pour repérer les animaux de la savane.

les oiseaux

Cette cage immense s'appelle une volière.
C'est ici que sont rassemblés les oiseaux du monde entier.

1 Cacatoès 2 Chouette hulotte 3 Perruche 4 Perruches soleil 5 Cephalépis 6 Cynniris 7 Padda 8 Mainate 9 Pigeon 10 Oréonymphe noble 11 Ara ararauna 12 Ara chloroptère 13 Paradisier 14 Chardonnerets à face rouge 15 Toucan 16 Faisan 17 Grue couronnée 18 Paon 19 Poule faisane 20 Ibis rouge 21 Calao 22 Tisserins 23 Tourterelles 24 Colibris 25 Poéphile admirable 26 Amadine 27 Malure 28 Pivert

1
2
27
3
4
5
6
28
10
7
11
12
9
8
24
13
25
24
23
14
21
22
17
19
26
15
20
18
16

les singes

Sur ce grand rocher
vivent les singes.
Ils aiment faire
des grimaces
et des acrobaties.

1 Mandrill
2 Atèle
3 Lémurien
4 Babouin
5 Patas
6 Chimpanzé
7 Orang-outan
8 Makis catta
9 Atèle
10 Macaque
11 Cercopithèque
12 Babouins
13 Gorille

Pour se déplacer
d'un arbre à l'autre,
ce gibbon peut
effectuer de très
grands sauts.

Glisse ta lampe magique sous la feuille de plastique pour observer les différentes races de singes.

les animaux du froid

Presque tous ces animaux
vivent aux pôles.

1 Otarie
2 Ours polaire
3 Ours brun
4 Loutre
5 Manchots
6 Phoque gris
7 Bébés phoques

Ces manchots nagent
dans l'eau froide grâce à leurs ailes
et à leurs pieds palmés.

5
7
1
2
5
3
7
6
3
2
5
4
5

Ces cages de verre
sont appelées des vivariums.

les serpents

les araignées

Dans chacune vivent des animaux de la même famille.

les iguanes verts

les caméléons

Chaque matin, le zoo ouvre
ses portes aux visiteurs.
C’est peut-être à ce moment
que certains animaux
iront se cacher ?

la ville dans la nuit

Pendant que tu dors, d'autres personnes travaillent.
Dans la ville, c'est tout un monde qui reste éveillé !

dans le centre-ville

Dans les rues des grandes villes, l'activité ne s'arrête jamais.
Les veilleurs de nuit gardent les bâtiments.

Quelques taxis roulent la nuit.

Les pompiers se tiennent prêts à la moindre alerte.

Certains restaurants et salles de spectacle restent ouverts jusqu'au petit matin.

sur les routes

Sur les routes et les autoroutes, les chauffeurs de camion conduisent toute la nuit.

Les chauffeurs de car se relaient pour rouler sans s'arrêter.

En cas de panne, le dépanneur arrive rapidement.

Les routiers font une pause dans les stations-service pour manger et faire le plein d'essence.

à l'hôpital

Dans les hôpitaux, médecins et infirmières s'occupent des malades de jour comme de nuit.

L'ambulancier transporte un malade en cas d'urgence.

En cas d'accident de la route, le véhicule des urgences arrive en quelques minutes pour porter secours aux blessés.

à la poste

Dans les centres de tri, on travaille toute la nuit pour que le courrier soit prêt à être distribué le matin.

Le facteur relève le courrier en fin de journée.

Le courrier voyage par avion, par train ou par camion.

Les facteurs commencent leur tournée très tôt le matin.

à l'aéroport

Les aéroports restent ouverts toute la nuit.
Les avions décollent et atterrissent même la nuit.

Les passagers enregistrent leurs bagages.

Le placeur guide l'avion sur la piste.

Certaines gares restent ouvertes, elles aussi, en particulier pour accueillir les trains de nuit.

le marché

Les restaurateurs et les commerçants peuvent s'approvisionner en grandes quantités dans des marchés ouverts la nuit.

Cette petite épicerie reste ouverte toute la nuit.

Le boulanger se lève très tôt pour que le pain soit cuit pour le petit déjeuner.

Glisse ta lampe magique sous la feuille de plastique pour observer l'activité du marché.

PRIM FRUIT

sur le chantier

Sur ce chantier, les ouvriers travaillent à la lumière de grands projecteurs.

Le camion-toupie transporte le béton.

La pelle mécanique creuse des fondations.

dans la mine

Dans cette mine à ciel ouvert,
les engins ne s'arrêtent jamais de creuser.

Cette pelleteuse ramasse des cailloux qu'elle déverse dans la benne du camion.

Ces détails sont cachés dans les images sombres du livre.

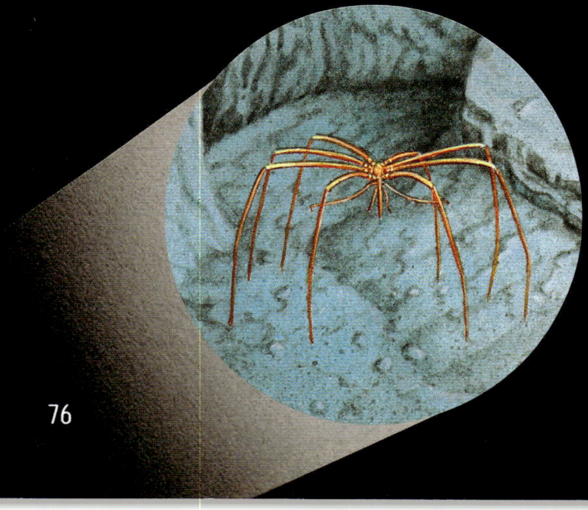

Retrouve-les à l'aide de ta lampe.

index

ISBN : 978-2-07-062813-1

Numéro d'édition : 183203
Loi n° 49-956 du 16 juillet 1949
sur les publications destinées à la jeunesse
1er dépôt légal : mars 2010
Dépôt légal : août 2011
Imprimé en Chine